DE BONAPARTE,

ET

DE SA MORT.

Par M. Adolphe de J......e.

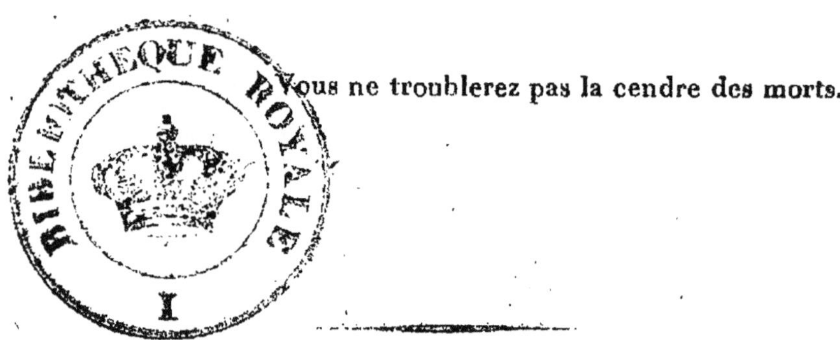

Vous ne troublerez pas la cendre des morts.

A PARIS,

CHEZ PÉLICIER, LIBRAIRE,

PLACE DU PALAIS ROYAL.

1821.

DE BONAPARTE,

ET

DE SA MORT.

———

Bonaparte n'est plus. Les mêmes voix qui proclamaient naguère avec emphase les bulletins de ses triomphes ont proclamé sa mort.

Il y a peu de jours qu'il n'appartenait qu'aux factieux de parler de lui ; il est aujourd'hui le domaine de tous.

L'histoire le possède, et rien ne peut le ravir à l'histoire.

L'extinction de cet homme sera à jamais la leçon des potentats.

Sans se jeter dans de trop grandes digressions philosophiques, chacun pourra comparer Napoléon empereur des Français, revenant de sa dernière invasion d'Autriche, à Napoléon mourant sur la terre d'exil, objet de l'oubli ou de la haine de tous.

On ne m'accusera pas d'être son partisan. Lorsqu'en 1815 il étonnait l'Europe et consternait la France, je fus un de ceux qui eurent la simplicité de vouloir marcher contre lui. Ses succès alors m'arrachèrent des larmes, et ma pitié ne peut se refuser maintenant à en répandre quelques-unes sur sa fin désastreuse.

Lorsque le plus grand coupable est entre les mains de la loi, lorsqu'il est hors d'état de nuire, lorsque enfin il subit sa peine, quiconque le poursuit est un lâche : à plus forte raison, lorsque le destin le frappe à jamais, doit-on éviter que la haine ou la vengeance ne franchissent la tombe.

Parler de la vie entière de Bonaparte est difficile ; on ne peut que repasser avec précipitation les phases de cette vie, surtout lorsqu'on improvise son discours.

Le monde fut à ses pieds ; il ôta, rendit les couronnes ; ce fut un jeu pour lui : la partie était dangereuse.

Pendant sa lutte avec les souverains, il eut souvent leur fortune entre ses mains, et ne sut pas en profiter, fort heureusement pour eux. Il était aux monarques de l'Europe ce que fut Pontius aux Romains lorsqu'il les tenait dans les Fourches-Caudines : il fallait exterminer l'ennemi, ou se l'attacher par une magnanime générosité : Pontius se borna à l'humilier; et le soldat romain, après avoir passé sous le joug des Samnites, devint plus terrible que jamais.

Il en était de même des puissances qui cédèrent au torrent de la France : en humiliant, en flétrissant l'Autriche et la Prusse, Bonaparte s'en fit d'irréconciliables adversaires.

Beaucoup ont dit : « Que cet homme eût été grand, s'il eût su s'arrêter ! » N'en déplaise à ceux qui ont émis cette opinion, ils ont dit une sottise. Napoléon ne pouvait s'arrêter : il avait embrassé ou plutôt il avait été lancé dans une fausse carrière; il fallait en sortir ou la suivre jusqu'au bout. Il ne pouvait demeurer un instant tranquille, parce que de toutes parts il se serait fait des levées de boucliers. Un moulin à vent, tant qu'il tourne, ne craindra pas les approches; s'il cesse de tourner, on en sera maître sur-le-champ. Je ne sais comment on jugera cette comparaison; mais on ne l'empêchera pas d'être juste.

Je n'ai fait jusqu'ici que des observations générales qui m'ont conduit trop loin; revenons sur les premières années politiques de cet homme extraordinaire, et suivons-le pas à pas, s'il est possible.

Bonaparte ne fut point son propre ouvrage; nous ne devons voir en lui que l'homme des circonstances : les circonstances l'ont entraîné, et le fleuve était assez rapide pour qu'on lui pardonne d'avoir suivi le courant sans songer à se diriger.

Placé dès sa jeunesse dans une arène où les choses étaient telles, que tout rôle était disponible, il dut prendre le plus beau, quand le hasard lui en eut offert le costume.

Protégé, sans s'y attendre, pour s'être rangé, dans une fameuse journée, du côté du pouvoir; et il fit bien, puisque le pouvoir seul pouvait le produire; protégé sans s'y attendre, dis-je, par un personnage qu'il méconnut depuis, il se vit tout à coup à la tête d'une armée de cinquante mille hommes. Cette armée fit des prodiges; son chef fit de son côté ce que devait faire un jeune homme qui voyait tout à gagner, rien à perdre. Il fut surprenant, et remporta dans cette campagne une gloire méritée.

De semblables succès, pour un début, auraient enivré tout autre que lui; il se crut dès-lors appelé au poste qu'il occupa.

Avant lui, l'armée d'Italie ne faisait rien : elle était sans commandant, et personne n'en voulait ; il la mène : en moins d'un mois il dompte les Piémontais, qui, en lui demandant la paix lorsqu'il n'était qu'à dix lieues de Turin, lui démontrèrent sa force mieux que ne l'avaient fait ses succès. Son plan s'agrandit ; et les Autrichiens, cinq fois défaits, renoncèrent à gouverner les enfans du Latium. C'est ainsi que Napoléon, de victoire en victoire, fut conduit à Campo-Formio.

Il sentit l'avantage qu'il pouvait retirer d'un triomphe propre à enflammer une tête moins exaltée que la sienne ; mais, pour retirer cet avantage, il fallait fuir l'inaction, se mettre continuellement en évidence, occuper les esprits. Le continent était pacifié : il imagina l'expédition d'Égypte, la plus audacieuse qu'ait pu enfanter un peuple ; et cela uniquement pour ne pas rester oisif. Cette expédition donnait, à cette époque, la plus haute idée des forces de la France. Elle ouvrait d'ailleurs un champ immense aux sciences, qui en profitèrent seules : car elle n'eut aucun heureux résultat.

L'abandon de son armée lui a valu les plus amers reproches. Je ne prononcerai certainement pas en dernier ressort sur cette question. Je me bornerai à établir une discussion sur le pour et le contre. Tout général qui se sépare de ses troupes est inexcusable, d'accord. Mais que l'on considère la situation de celui-ci : éloigné du centre, il se perdait, parce que, ne pouvant répondre à ses nouveaux et nombreux ennemis, il succombait nécessairement sous leurs efforts, et son intérêt personnel, son ambition, son avenir l'occupaient seuls. D'un autre côté, que faisait sa présence en Égypte? Il n'était plus possible de s'y maintenir, il fallait capituler : tout le monde est en état de faire une capitulation. Il revint en France, et pour lui-même il fit bien; car il y devint suprême, tandis qu'il n'eut été qu'un pauvre général en retraite.

Nommé consul, il ne pouvait s'élever qu'en élevant la France. L'Autriche avait repris l'Italie, nous n'avions que des troupes pitoyables : il rentre avec elles dans cette Italie, premier théâtre de sa gloire, et, sur l'aile de la Victoire, il vole à Marengo aussi rapidement qu'il était allé allé à Campo-Formio. La révolution fut consolidée.

Dans cet état devait-il s'arrêter? je le demande à ses plus acharnés détracteurs, le devait-il? Il n'avait qu'un pouvoir éphémère; l'étranger, surpris de cette supériorité inatten- due de la France, se courbait un instant pour se relever avec plus de force, si la France se fût reposée. Il fallait alors anéantir l'Europe ou en être anéanti, parce que l'Europe ne nous craignait ni ne nous aimait assez pour nous laisser dans le calme.

Voulant donc prouver ou persuader au monde qu'il n'avait nullement besoin de re- pos, Bonaparte, consul à vie, tenta la conquête de Saint-Domingue. Ce fut pour le coup un tort d'autant plus grand que cela ne pouvait le conduire à rien; il ne fit que sacrifier ses troupes et la colonie. Je dois convenir que le sacrifice des hommes èt des pays lui coû- tait peu; il voulait s'élever : quand on veut absolument s'élever, tous les étais paraissent bons.

C'est à peu près vers ce période qu'eut lieu l'affaire du 3 nivose. Elle devait le perdre, un miracle le sauva; et ce qui tendait à le détruire fit sa force. Cette tentative, faite en partie par des royalistes, discrédita ce parti, le seul qu'il avait à craindre; car les Brutus des halles étaient passés de mode. Ce fut une bévue d'au- tant plus grande que cela rendit Bonaparte et eux irréconciliables. Qu'en résulta-t-il? Le consul irrité, voyant la nation dans le doute sur ses intentions, ne craignit pas dans la suite de rassurer la révolution toute-puissante en immolant un Bourbon. Les éclats du 3 nivose ont frappé le duc d'Enghien. Le sang de cet infortuné prince cimenta l'avénement de Bonaparte, qui, pour son malheur, assit sur un crime les fondemens de son trône.

Il devint toutefois l'homme du jour, parce que dès-lors il garantissait toutes les innovations, et, après avoir surmonté les tentatives de Moreau et de Pichegru, il eut une longue ayance. Toute autorité s'accroît quand elle a été vainement menacée.

Napoléon fut revêtu de la pourpre, et prit le titre des Césars. Depuis les Mèdes jusqu'à nous, jamais il n'y eut d'exemple d'une plus inconcevable fortune.

L'empire, prenant la place de la république, ne changeait rien aux yeux de l'Europe, et consolidait la France. Celle-ci, régie par un pouvoir immédiat qui n'était que la conclusion de son soulèvement contre l'ancien ordre de choses, devenait plus forte et plus redoutable par conséquent. Aussi les monarques

étrangers ne purent-ils voir sans ombrage l'é-
lévation de Bonaparte, et la nouvelle attitude
de ses états. Cet événement contrecarrait la loi
qui les maintenait sur leurs trônes, et semblait consacrer le droit des peuples d'éliminer
ou de créer leurs chefs.

Poussés par leurs intérêts les plus directs,
ils marchèrent de nouveau sur nous en sol-
dant leurs frais de route avec les billets de
l'Angleterre.

Les Autrichiens, ligués avec les Russes, ne
les attendirent pas, parce qu'il faut bien que
les Autrichiens fassent toujours des fautes.
Il s'ensuivit que Napoléon entra dans Vienne
lorsque les Russes débouchaient à peine. Ceux-
ci succombèrent à leur tour ; la Pologne fut
à nous. Le vainqueur ne fit pas des Polonais
ce qu'il devait en faire ; et c'est le plus grand
tort de son règne.

Il conclut la paix de Tilsit après avoir encore battu les Russes à Friedland, et la pre-
mière coalition fut détruite.

Qu'avaient produit ces victoires ? Rien du
tout par le fait. L'ennemi n'était que compri-
mé ; il fallait le détruire ou le changer. Une
nouvelle guerre plus ou moins éloignée restait
inévitable.

C'est alors que Bonaparte commença à jouer le rôle extravagant de distributeur de couronnes. Naples et la Hollande obéirent à deux de ses frères, aussi surpris de s'y trouver que l'étaient ces peuples de les recevoir.

Le chef de la France voyait en cela l'augmentation de la masse de ses forces.

Il voulut devenir législateur; le temps fera juger ses lois, dont nous nous servons encore. L'intérieur était toutefois ce qui l'occupait le moins : il était momentanément sûr de son peuple; il n'ouvrait les yeux que sur le dehors.

Dans ces entrefaites il vit la Prusse se montrer récalcitrante. Elle avait été neutre, et réclamait le prix de sa neutralité. C'était juste ; on le lui avait promis. Le Hanovre lui souriait; elle le demanda, et fut formalisée de ce qu'on lui refusait la propriété d'autrui. C'est encore, selon moi, un tort de Bonaparte. En donnant quelque chose d'envahi à la Prusse, il la rendait sa complice. Elle devenait obligée de le soutenir pour se soutenir elle-même; il l'attachait à son char.

On peut dire, contre cet avis, qu'il n'était pas sûr de cette puissance, peu franche de son naturel, et que l'agrandir, c'était s'exposer à fournir des armes contre lui.

Il la combattit, et n'eut pas de peine à s'en rendre maître.

Jéna vengea Rosbach.

Au lieu d'en changer le gouvernement, il la morcela, blessa l'amour-propre national, et n'y laissa le même souverain que pour s'en faire un mortel et redoutable ennemi : car un ennemi que pousse le désespoir est toujours redoutable.

Pour la quatrième fois l'Europe parut tranquille. Napoléon pouvait-il l'être constamment? c'est ce qu'il faut examiner. Son système, comme je l'ai dit, était opposé à toutes les anciennes dynasties; il les irritait d'autant plus qu'elles voyaient non-seulement en lui un violent oppresseur, mais un exemple fâcheux pour leurs sujets. Alliées à lui pour la forme, elles devaient cordialement l'exécrer : sous ce rapport elles s'acquittaient fort bien de leur devoir, et n'attendaient qu'une occasion favorable de se soulever. Pour que cette occasion naquît, il fallait que le moulin s'arrêtât; celui-ci, le sachant, n'en tourna que plus vite, et le souffle de ses ailes les dissipait comme des plumes légères.

Tout avait l'air de céder aux Français, si

ce n'est l'Angleterre, où résidait le germe de toutes les résistances.

Bonaparte ne pouvait la combattre, parce qu'elle n'avait garde de se montrer sur le continent, et qu'il n'avait pas les moyens de l'aller chercher. La guerre devait durer tant qu'elle pourrait l'alimenter en en payant les frais; il était donc urgent de la ruiner. Le système continental s'établit.

Il l'eût ruinée, s'il avait été praticable; il ne servit qu'à la mettre un instant aux abois, et à lui faire sentir plus fortement la nécessité de tenter un dernier effort pour renverser le colosse.

C'est ainsi que par des demi-mesures Napoléon s'épuisait sans rien conclure. Il reculait le dénouement, donnait plus d'ardeur à ses opposés, et affaiblissait pour la catastrophe ses moyens d'opposition.

Le système continental mécontenta l'Europe qui le comprenait, et mécontenta la France qui ne le comprenait pas.

Le caractère français est tel, que la privation d'un grain de sucre et de café en indisposant les femmes et les bons hommes, paraissait une mesure horriblement vexatoire.

(13)

De petites causes produisirent de grands effets.

La perte de leurs enfans, dont une partie se couvrait d'un prestige de gloire, avait été un coup affreux, que des épaulettes et le temps guérissaient. Cette contrariété pour leurs habitudes était une piqûre d'épingle, qui, chaque jour renouvelée, devenait chaque jour une source de plaintes. Ceci paraît au premier abord une mauvaise plaisanterie ; mais qu'on le pèse, et qu'on y réfléchisse.

Le système nouveau contraignait les Anglais de nous faire une guerre sans fin. Le Nord était contenu par la terreur que lui inspiraient des revers récens. Ils se réfugièrent en Portugal, et furent secrètement accueillis par l'Espagne. Les armées françaises traversèrent l'Espagne et prirent le Portugal. L'Espagne fut choquée; des troubles s'y fomentaient, ils éclatèrent; et l'esprit national des Espagnols les empêchant de se déchirer entre eux, ils tombèrent sur nous.

Bonaparte battit leur armée, et ne battit pas la nation. En jetant un de ses frères dans l'Escurial, il se mit un fardeau de plus sur les bras; il se donna dans ce pays une terrible occupation, fatigua et détruisit ses troupes sans avancer à rien.

La guerre d'Espagne, de réaction en réaction, devint une arène de crimes.

Sa fatalité cependant était telle, qu'enfourné dans une guerre injuste et désastreuse, il ne pouvait reculer; un pas rétrograde enflait les flots de ses ennemis et les mettait sous les armes; il lui fallait continuellement des victoires.

C'était la suite inévitable de la marche qu'il avait adoptée.

Tandis qu'il goûtait en Espagne une minute de sécurité)par la déroute des Anglais, Bonaparte apprit que l'infatigable Autriche le provoquait de nouveau. Il courut les vaincre avec les troupes de la confédération, et fit une paix qui n'était pas plus durable que les précédentes, parce que le foyer des discordes subsistait toujours.

Cette longue lutte était celle de la révolution contre les anciens principes, et non celle de Bonaparte contre les souverains; c'est une vérité démontrée. Celui-ci eut tout le blâme de l'affaire, en portant les apparences d'un agresseur, d'un ambitieux, d'un despote : il ne cherchait pourtant qu'à consolider, lui, le nouveau régime et ses conquêtes. Il ne le pouvait qu'en tenant sous un joug de fer ce qui était de nature à lui résister. C'est pourquoi, malgré cette paix nouvelle, il fut obligé de rester dans une attitude plus que défensive, afin de tenir l'Europe en haleine.

Les Anglais, opiniâtres adversaires, lui cherchaient des ennemis comme Annibal en cherchait aux Romains.

Ils tentèrent d'insurger l'Italie. Bonaparte crut s'apercevoir avec ou sans raison que le saint-siége les soutenait. Il fut long-temps à se le persuader, ne supposant pas que la cour de Rome s'unît aux héritiers de Calvin. Pour peu qu'il eût connu l'histoire, il se serait rappelé qu'en 1166 le roi chrétien de Jérusalem, Amauri, ne craignit pas de s'allier au soudan d'Égypte contre les Turcs. L'Église a des licences.

Quoi qu'il en soit, il culbuta le saint-siége, sans réfléchir qu'il allait, par un acte qui lui était peu avantageux, froisser une nature de parti qui pardonne rarement, et qui se couvrait de tout l'intérêt de la persécution.

C'est vers ce temps que, pour s'asseoir solidement aux yeux de l'opinion, il contracta une alliance avec l'Autriche , alliance qu'il crut indissoluble , et que l'Autriche ne considéra que comme un sacrifice de plus.

Il se jugea alors à l'abri des tempêtes sous une gloire fantastique, et voulut jouir de son septième jour.

C'est à cette période que l'on s'est surtout écrié : « Que ne terminait-il enfin sa course vagabonde ! Que ne travaillait-il uniquement à s'affermir ! » Examinons s'il était en son pouvoir de suivre ces doctes conseils.

Il avait caché sous les cendres un effroyable incendie ; il ne l'avait pas éteint. Il contractait une alliance qui exaspérait de plus en plus ses ennemis , puisqu'ils y voyaient une force de progression qu'un pas de plus allait rendre indestructible. Et en effet , si l'Autriche eût été de bonne foi , la puissance de Bonaparte était assurée pour long-temps. Il ne lui fallait plus, pour être paisible sur son trône , qu'une espèce de droit de prescription qui devait naître par l'habitude de l'y voir.

Tôt ou tard il n'en eût pas moins été obligé de retomber sur son allié ou de lui céder : car deux grandes masses politiques ne sauraient subsister sans contre-poids , elles s'entre-dévorent toujours ; mais, je le répète, il ne fallait à

Bonaparte que quelques années devant lui. Le système continental, éternelle pierre d'achoppement, donnait seul naissance au mécontentement des étrangers. Il avait fallu l'établir parce qu'on ne pouvait laisser sans récrimination les attaques réitérées de l'Angletere; il fallait le maintenir pour ne pas lui donner le soupçon de notre faiblesse.

Si tous eussent observé ce système selon les conventions qui avaient été faites, le triomphe de la France était certain; mais la Russie ne l'observait pas.

Notre union avec l'Autriche l'offusquait. Maîtres de tout par cette union, nous ne pouvions avoir qu'elle pour adversaire sur le continent; elle le sentait, et trop faible contre nous, elle cherchait à amener une scission.

Quant à Bonaparte, il ne devait pas souffrir qu'on violât son grand œuvre. Il se plaignit, on s'en moqua. Se taire était s'avouer vaincu; et s'avouer vaincu dans cette circonstance, c'était faire retomber sur soi tout ce qui ne se soumettait que par crainte. De sorte que, sans qu'il y eût en rien de sa faute, l'oriflamme impériale fut de nouveau déployée, et flotta peu de jours après sur le Kremlin.

Il fallait alors organiser la Pologne, ruiner

par là les Russes, et les séparer de l'Europe, qui n'a qu'à perdre avec eux. L'Autriche s'y refusa, ne voulant pas rendre ce qu'elle possédait. Tout le plan fut manqué.

Napoléon allant à Moscou ne faisait pas une folie; forcé de se mesurer avec le seul empire qui pût lui devenir rival, il n'aurait pu le faire dans une meilleure occurrence. Tout l'aidait dans cette entreprise. La guerre de Turquie obligeait les Russes à diviser leurs forces, et il était maître de l'ancienne capitale des czars.

Tout à coup l'armée de Turquie, libérée par une pacification spontanée, revient sur lui. Moscou incendié livre les Français aux élémens les plus formidables. Un homme qui devait tout à la France la trahit, et une épée française trace la route qui bientôt conduira les cosaques à Paris. Alexandre, encouragé, refuse la paix qu'il aurait acceptée la veille. La déroute de Napoléon fut moins la suite de son imprévoyance que le résultat d'un coup de dés qu'il avait été contraint de jouer, et qu'il perdait.

Ici commencent ses revers; la fortune l'abandonne, et ses partisans diminuent : la conséquence est naturelle.

Rester à la tête de cette armée fugitive était

un beau rôle sans doute ; mais c'était un rôle imprudent. Bonaparte dirigeant une retraite, chose à laquelle il n'entendait rien, n'était qu'un soldat de plus dans les rangs. Revenant le premier, il contenait ceux qui auraient pu nous couper cette retraite ; il leur imposait par sa contenance , et prévenait des troubles qui menaçaient ses états.

La France était bien forte : car elle ne fut pas encore abattue. Un an après, ses aigles revinrent planer aux yeux des ennemis étonnés. Il n'y avait plus alors de calculs à faire ; le destin du monde dépendait d'une grande partie d'écarté.

La Prusse vit avec joie une occasion de briser ses fers ; l'Autriche n'était pas fâchée de voir diminuer le crédit de son allié, puisque le sien en augmentait. Les bandes tumultueuses de la confédération ne voyaient, comme l'âne de la fable , qu'un bât de part ou d'autre, et attendaient l'issue pour saluer le plus fort.

Une paix était encore possible ; mais elle n'eût pas été durable. Elle eût été de la part de Bonaparte une concession, et, pour la quatrième fois je l'affirme, la moindre concession l'eût également perdu. Il aurait laissé aux vainqueurs le temps de se reconnaître, de se fixer un plan, et il diminuait ses chances de succès.

Le refus de la paix fournit à l'Autriche un prétexte pour rompre définitivement ; elle le fit, et jusqu'au dernier moment Bonaparte eut la faiblesse de compter sur les promesses de son auguste beau-père.

De défaite en défaite il revint à Fontainebleau aussi vite qu'il avait marché jadis de victoire en victoire.

De Fontainebleau à l'île d'Elbe le saut fut rapide.

Les alliés, maîtres de la France, ne voulaient ni de Napoléon ni des siens. Les Bourbons se trouvèrent rappelés par le fait.

L'enthousiasme les reçut.

Louis xviii retrouvait de beaux débris ; le parti qu'il en pouvait tirer était incalculable, tellement que les alliés, richement payés pour être méfians, n'osaient trop compter sur notre anéantissement, qui leur était nécessaire.

En plaçant l'ex-empereur à l'île d'Elbe, il est impossible qu'ils n'eussent point d'arrière-pensée ; rien ne m'en dissuadera : ou, s'ils n'en avaient pas, s'ils agissaient franchement, contre toute apparence, ils ont été d'une grande impéritie. L'alternative est pénible : elle existe.

Le roi nous avait donné la charte, qui, sans le compromettre, rassurait la nation, dont les ressorts étaient trop renouvelés pour qu'elle pût reprendre en un jour son ancien mouvement.

A cette époque, j'étais trop jeune pour juger de la haute politique. Je ne prétends donc pas dire si la charte fut ou ne fut point observée. Je crois seulement pouvoir attester que le roi voulait la maintenir inviolable. Il se compromettait, en la violant, dans le présent comme dans l'avenir; et lors même qu'il n'eût pas été guidé par les sentimens d'honneur qui l'animent au plus haut degré, il n'aurait point osé braver l'opinion des contemporains et de la postérité.

Cependant des bruits sourds circulèrent. Quelques imprudences, commises par des hommes qui n'avaient guère lieu, au fait, d'être contens, se généralisèrent : la malveillance les grossit, les publia, un volcan s'établit, dont l'éruption ne pouvait être tardive.

Le congrès s'occupait beaucoup plus des fêtes et des dîners qu'ils se donnaient mutuellement que des intérêts qu'on leur avait confiés.

Tout le monde dormait : le sommeil était léthargique, le réveil fut terrible.

On avait fait envers Bonaparte ce que Bonaparte avait fait envers les autres, on l'avait abaissé sans le détruire. Comment des souverains qui devaient le connaître purent-ils s'aveugler ainsi sur son compte ?

Bonaparte , rentré aux Tuileries , était en position de recommencer la partie, et l'on n'avait encore publié que quelques déclarations qui n'empêchèrent rien et ne pouvaient rien empêcher.

Les événemens de l'interrègne sont trop connus pour que j'en parle.

Trois mois suffirent pour terrasser une seconde fois cet homme appelé par tous les instans de sa vie à donner des exemples que l'on ne retrouve dans aucune histoire depuis la naissance des siècles.

On le traita comme on aurait dû le traiter en 1814, on le tua civilement.

Dans son prétendu règne de trois mois, Bonaparte surprit par le changement qui s'était opéré en lui. Son âme, énervée, était incapable, et cela se conçoit. Qui de nous résisterait à de telles secousses ? Quand il aurait dû mourir, il fut se livrer à des gens qui ne devaient lui inspirer aucune confiance.

On l'a blâmé de s'être d'abord mis dans le cas de se rendre, et de s'être rendu. En grands principes d'héroïsme, Bonaparte devait terminer sa carrière à Waterloo. Je suis en cela d'accord avec l'opinion générale. Tombant dans les champs de la Belgique, Napoléon s'élevait un honorable mausolée; mourant à Sainte-Hélène, il a imprimé sur son urne une tache que ses lauriers ne cacheront pas.

Convenons pourtant que si l'on veut se départir un peu de la manie d'envisager continuellement les choses dans leur plus haute acception, on découvrira peut-être quelques motifs qui atténueront la défaveur que lui attira sa conduite dans cette circonstance.

Sans dire qu'il est facile de conseiller aux autres de se faire tuer, et que, s'y trouvant soi-même, on ne joindrait pas l'exemple au précepte, dût-on se le donner en quatre, je chercherai ce qui a pu détourner Bonaparte de cette action désespérée.

Il a juré, en cela on peut l'en croire, qu'il eût abdiqué sans regret le pouvoir, s'il l'avait légué à son fils; ce sentiment est naturel. Il n'ignorait pas que, lui mort, la cause de cet enfant était perdue. Vivant, il espérait, avec plus ou moins d'illusion, qu'il pourrait fanatiser la France à la vue d'une seconde invasion. Il espérait encore inspirer quelque crainte aux alliés, qui, venant avec des intentions peu généreuses, devaient redouter le résultat des vexations qu'ils se disposaient à commettre, qu'ils ont commises au mépris de leurs déclarations. On sait enfin combien l'espérance nous berce : il pouvait tout attendre en demeurant sur un coin quelconque de la scène; tandis que celui qui quitte la partie la perd irrémissiblement.

Qui sait ensuite s'il n'avait pas quelque puissante raison, à ses yeux, qui le condamnait à vivre?

Cet homme ne rêvait que pour la postérité; se rendre immortel était sa plus ardente ambition. Il n'y a pas de doute qu'il n'ait laissé des mémoires précieux; mémoires qui depuis long-temps l'occupaient, et qui sont appelés à le développer dans l'avenir : peut-être avait il à y mettre la dernière main. Dans un cerveau aussi bizarre, rien ne doit surprendre.

Il comptait, indépendamment de tout cela,

sur l'esprit chevaleresque qu'il supposait aux Anglais ; en offrant, comme il l'a dit, au prince régent la plus belle page de son histoire, il s'attendait à être accueilli, à goûter dans ses états un repos assuré, une fin tranquille ; c'est du moins ce qu'il demandait.

Il faudra des années avant qu'on puisse prononcer justement sur sa fin ; je ne fais que soumettre quelques observations que j'abandonne volontiers à la critique.

. Après avoir rapidement analysé la vie politique de Bonaparte, après avoir prouvé, je crois, que, placé au sommet d'une pente, il a dû la suivre sans qu'il lui fût loisible de s'arrêter, et que de guerre en guerre il a dû les faire toutes, ou renoncer à ce qu'il avait entrepris, je vais parler des dernières années et de la mort de cet homme, qui sera le plus surprenant phénomène des annales futures.

Bonaparte, après avoir essayé vainement de se recréer un parti à son retour de la Belgique, partit pour Rochefort, afin de ne pas tomber au pouvoir des alliés, qui étaient aux portes de Paris. Il y arriva le 3 juillet, et demeura jusqu'au 8 à la préfecture maritime. Le 8 à dix heures du soir, il se rendit à bord de *la Saale*, faisant mettre une partie de sa suite sur *la Méduse*. Le lendemain il débarqua dans l'île d'Aix.

Le 10, le temps ne lui permit pas d'échapper à la croisière anglaise. Il expédia alors Savary et Las-Casas en parlementaires aux Anglais, et ceux-ci furent de retour le 11. On ignore ce qu'ils rapportèrent. Napoléon, instruit, du 11 au 12, par son frère Joseph, de la dissolution des chambres et de la rentrée du roi, tenta un dernier effort pour se soustraire aux ennemis.

Il avait fait acheter à la Rochelle deux bateaux demi-pontés, qui arrivèrent du 12 au 13. Son projet était de gagner pendant la nuit, au moyen de ces bateaux, un smak danois qui l'attendait à trente ou quarante lieues au large. Il ne put sans doute réussir, car il s'embarqua avec les siens, dans la nuit du 13 au 14, sur le brik français *l'Épervier*, et le 14 au matin, ce bâtiment fit voile en parlementaire vers le vaisseau amiral. Les embarcations anglaises vinrent au-devant de lui, et transportèrent les passagers à bord du *Bellérophon*, qui mit à la voile le 16 à une heure et demie de l'après midi.

L'homme qui, dix ou douze ans auparavant, plus craint que Charlemagne, commandait aux nations jusque dans le cabinet des rois, fut contraint de se livrer à ses plus furieux adversaires.

Jadis le premier de l'Europe, il ne l'était plus sur un vaisseau de guerre.

On lui assigna l'île Sainte-Hélène pour résidence. *Le Northumberland*, chargé de l'y conduire, arriva vers le 4 août à la vue de Berry-Head, cap à l'extrémité de Torbay. Le même jour de grand matin, il fut joint par *le Tonnant*, portant le pavillon du lord Keith, amiral de la flotte de la Manche, accompagné du *Bellérophon*.

Aussitôt que les signaux furent échangés avec le vaisseau qui s'approchait ; un salut fut tiré par *le Northumberland* et répondu par *le Tonnant*.

Lord Keith, après une entrevue avec sir George Cockburn ; ancra sous Berry – Head pour se soustraire à la curiosité d'un nombre prodigieux de personnes qui, venues dans toutes sortes de bâtimens, entourèrent *lé Bellérophon*. Le lendemain, Las-Casas vint à bord pour les arrangemens ordonnés par son maître, déchu de tant de grandeur.

On contemplait avec avidité jusqu'aux moindres effets appartenant à Bonaparte, qui ne possédait que quelques malles après avoir possédé des royaumes.

Une garde de capitaines de marine fut rangée sur la poupe pour attendre l'arrivée de l'ex-empereur, avec ordre de présenter les armes et de battre trois roulemens, comme cela se pratique ordinairement pour les officiers-généraux au service de la Grande-Bretagne.

Le canot du *Tonnant* parvint au *Northumberland* en quelques minutes, après avoir laissé *le Bellérophon*. Le pont se couvrit d'officiers ; il y avait aussi plusieurs personnes de marque, qui de toute part étaient venues pour assister à la scène qui se passait.

Indépendamment de l'objet qui attirait l'attention générale, le canot contenait lord Keith, sir George Cockburn, le maréchal Bertrand, les généraux Montholon et Gourgaud.

Il se fit un silence universel quand le canot aborda, et on remarqua dans tous les yeux une gravité mêlée de trouble.

Cette réception fut solennelle.

Bertrand monta le premier, et recula quelques pas pour faire place à celui qu'il considérait toujours comme son maître. Tout ce qui était dans le vaisseau semblait ne plus respirer. Lord Keith quitta le canot le dernier ; et telle était l'attention de tous à la figure de Bonaparte, que cet amiral, à qui appartenait la flotte, dans l'uniforme de son grade, avec toutes ses décorations, ne fut ni remarqué, ni même aperçu dans ce groupe, où tout lui était soumis.

Bonaparte monta l'échelle d'un pas lent, et, se tenant ferme sur le tillac, il ôta son chapeau quand la garde lui présenta les armes et que le tambour roula.

Il s'adressa alors à sir George Cockburn, et demanda le capitaine du vaisseau ; mais, celui-ci ne sachant pas le français, il parla tour à tour à plusieurs officiers, jusqu'à ce que l'un d'eux lui eût répondu en cette langue.

Après quelques minutes, il exprima le désir, d'un geste plus que de la voix, d'entrer dans sa cabine, où il resta pendant une heure.

Il était en uniforme de général d'infanterie, habit bleu, revers blancs, le reste et les bas de soie blancs aussi ; il avait à ses souliers des boucles d'or ovales ; il était décoré d'un ruban rouge et d'une étoile, avec trois médailles attachées à sa boutonnière, l'une représentant la couronne de fer, et les autres divers ordres de la légion d'honneur.

Son visage était pâle, sa barbe négligée; tout en lui confirmait la conjecture qu'il n'avait pas passé la nuit précédente dans un parfait repos. On observa dès-lors qu'il avait pris un peu d'embonpoint, et cela a été toujours en augmentant.

A son retour sur le pont, il engagea la conversation avec lord Lowther, M. Littleton et sir George Byngham, pendant une heure avant le dîner.

Il se plaignit, non sans amertume, de la sévérité avec laquelle on le traitait.

Il ne pouvait comprendre la politique ou les craintes de l'Angleterre dans son refus de lui accorder un asile. Il continua une foule de questions sur ce sujet avec quelque vivacité.

Quant à Bertrand, il se plaignit en termes plus énergiques de l'inutile rigueur de leur destin, ajoutant que l'empereur (car il continuait à recevoir ce titre de ceux qui le suivaient) s'était confié à l'Angleterre avec l'espoir qu'il y trouverait une hospitalité généreuse. Il demanda s'il aurait pu lui arriver quelque chose de pis, en supposant qu'on l'eût fait prisonnier à bord du vaisseau sur lequel il aurait tenté de s'échapper, et parut se repentir de n'avoir point risqué cette entreprise.

L'empereur, s'écriait-il, pouvait, à la tête de l'armée de la Loire, obtenir des conditions meilleures. Ce fut pour épargner le sang qu'il se jeta dans les bras d'une nation réputée généreuse. Il ne cherchait qu'un toit sur le sol de l'Angleterre; était-ce trop demander?

N'eût-ce pas été pour la Grande-Bretagne un sujet d'orgueil que le vainqueur de l'Europe eût cherché dans son adversité à passer le reste d'une vie si éclatante dans un coin de ses domaines.

Il dit que Napoléon l'avait consulté sur l'espoir probable de la magnanimité du gouvernement anglais, et qu'il avait refusé son avis. Je prévoyais l'issue, ajouta-t-il, et je n'éprouverais plus un instant de paix, si j'avais contribué à la situation dans laquelle je vois aujourd'hui mon empereur.

Pendant le cours de la traversée il ne se passa rien de remarquable, et peu après Bonaparte aperçut la cime de Sainte-Hélène s'élever dans le désert des eaux.

Les communications avec cette île ont été si difficiles, qu'il n'est guère possible de donner des détails sur les habitudes et les actions de celui qui l'habita six ans sequestré du monde entier.

Le peu du moins que je dirai sera d'une authenticité que je puis garantir.

La conduite des Anglais à son égard, dans les premiers temps, fut loin d'être débonnaire. Il n'est pas de gêne personnelle, de privations, qu'il n'ait éprouvées. Sa santé de jour en jour se dérangeait, son moral même se dérangea, et parfois on l'a vu dans un état d'aliénation.

Son caractère s'aigrit. C'est alors que ceux de ses serviteurs qui persévérèrent dans leur dévouement pour lui ont acquis des droits à l'estime de tout homme impartial ; car il était souvent injuste à leur égard, et les rendait victimes de sa mauvaise humeur.

Afin que l'on ne me conteste pas ce que je dis des vexations qu'éprouva le captif de Sainte-Hélène, je vais transcrire les principaux passages d'une lettre qu'écrivit, par son ordre, M. de Montholon au gouverneur sir Hudson-Lowe. On jugera ce que peuvent avoir de spécieux quelques raisonnemens de cette lettre ; mais, en supposant qu'elle contienne des exagérations, on ne pourra se refuser à convenir qu'il doit exister un fonds de vérité dans des plaintes aussi positives.

A sir Hudson-Lowe.

« GÉNÉRAL,

« J'ai reçu le traité du 2 août 1815, conclu
« entre sa majesté britannique, l'empereur de
« Russie, l'empereur d'Autriche et le roi de
« Prusse.

« L'empereur Napoléon proteste contre le
« contenu de ce traité ; il n'est pas prisonnier
« de l'Angleterre. Après avoir mis son abdica-
« tion en faveur de son fils entre les mains des
« représentans de sa nation, il s'est retiré vo-
« lontairement en Angleterre pour y vivre en
« simple particulier sous la protection des lois
« anglaises.

« La violation de toutes les lois ne peut con-
« stituer un droit. La personne de l'empereur
« Napoléon est actuellement au pouvoir de
« l'Angleterre ; mais il n'a été et n'est au pou-
« voir ni de l'Autriche, ni de la Russie, ni de
« la Prusse.

« La convention du 2 août, conclue quinze
« jours après que l'empereur fut en Angle-
« terre, ne peut avoir aucun effet ; elle offre
« seulement le spectacle de la coalition des

« quatre plus grandes puissances de l'Europe
« pour opprimer un seul homme.

« Les empereurs d'Autriche, de Russie et
« de Prusse, n'ayant, ni de fait ni de droit, au-
« cun pouvoir sur la personne de l'empereur
« Napoléon, ne pouvaient rien décider à son
« égard.

« Si l'empereur Napoléon eut été au pou-
« voir de l'empereur d'Autriche, ce prince se
« serait rappelé les relations que la religion et
« la nature ont formées *entre un père et un*
« *fils*, relations que l'on ne viole jamais sans
« impunité.

« Il se serait rappelé que l'empereur Napo-
« léon lui avait rendu quatre fois son trône;
« savoir : à Leoben en 1794, à Lunéville en
« 1804, lorsque ses armées étaient sous les
« murs de Vienne; à Presbourg en 1806, et
« à Vienne en 1809, lorsque ses armées occu-
« paient sa capitale et les trois quarts de la
« monarchie. Ce prince se serait souvenu des
« protestations qu'il fit à Napoléon, à son bi-
« vouac en Moravie en 1806, et à l'entrevue
« de Dresde en 1812.

« Si la personne de l'empereur Napoléon
« eût été au pouvoir de l'empereur Alexandre,
« ce dernier se serait souvenu des liens d'ami-

« tié contractés à Tilsit, à Erfurt, et pendant
« douze ans d'une correspondance journalière.

« Il se serait rappelé la conduite de l'empe-
« reur Napoléon le lendemain de la bataille
« d'*Austerlitz*, où, quoiqu'il eût pu le faire
« *prisonnier* avec les débris de son armée, il
« se contenta de recevoir sa parole et lui per-
« mit d'opérer sa retraite. Il se serait rappelé
« les dangers auxquels l'empereur Napoléon
« s'exposa personnellement pour éteindre l'in-
« cendie de Moscou et lui conserver cette ca-
« pitale; assurément ce prince n'aurait jamais
« violé les devoirs de l'amitié et de la recon-
« naissance envers un ami dans le malheur.

« Si la personne de l'empereur Napoléon
« eut été au pouvoir du roi de Prusse, ce
« souverain n'aurait pu oublier qu'après la ba-
« taille de Friedland il dépendait de l'empe-
« reur de mettre un autre prince sur le trône
« de Berlin; il n'aurait pas oublié en présence
« d'un ennemi désarmé les protestations d'at-
« tachement qu'il lui fit, et les sentimens de
« reconnaissance qu'il lui montra en 1812 à
« l'entrevue de Dresde.

« Il paraît, en conséquence, d'après les ar-
« ticles II et V du traité du 2 août, que ces
« princes étant incapables d'exercer aucune

« influence sur les dispositions à prendre à
« l'égard de l'empereur Napoléon, qui n'était
« pas en leur pouvoir, accèdent à ce qui pourra
« être fait à cet égard par sa majesté britan-
« nique, qui se charge de remplir toutes leurs
« obligations. Ces princes ont reproché à l'em-
« pereur Napoléon d'avoir préféré la protec-
« tion des lois anglaises à la leur. La fausse
« idée que l'empereur Napoléon s'était formée
« des lois de l'Angleterre, et *de l'influence de*
« *l'opinion d'un peuple grand*, *libre et géné-*
« *reux sur son gouvernement*, l'a décidé à
« préférer la protection de ces lois à celle
« d'un beau-père ou d'un ancien ami.

« Des commissaires autrichiens et prussiens
« sont arrivés à Sainte-Hélène. Si l'objet de
« leur mission est de remplir une partie des
« devoirs que les empereurs d'Autriche et de
« Russie ont contractés par le traité du 2 août, .
« et de prendre soin que les agens de l'Angle-
« terre, dans une petite colonie située au mi-
« lieu de l'Océan, ne manquent pas au respect
« dû à un prince uni à ces souverains par des
« liens de parenté et tant d'autres liens, on
« reconnaîtra dans ces procédés des marques
« du caractère qui appartient à ces souverains.
« Mais, monsieur, vous avez déclaré que les

« commissaires n'ont *ni le droit*, *ni le pouvoir*
« *d'émettre aucune opinion relativement à ce*
« *qui peut se passer sur ce rocher.*

« Les ministres anglais ont fait transporter
« l'empereur Napoléon à Sainte - Hélène, à
« deux mille lieues de l'Europe! Ce rocher,
« situé entre les tropiques, et à cinq cents
« lieues de tout continent, est sujet aux cha-
« leurs dévorantes de ces latitudes; il est cou-
« vert de nuages et de brouillards pendant les
« trois quarts de l'année, et est à la fois le plus
« aride et le plus horrible pays du monde. Un
« tel climat est extrêmement contraire à la
« santé de l'empereur, et la haine doit avoir
« dicté le choix de cette résidence, ainsi que
« les instructions données par les ministres
« anglais aux officiers qui commandent dans
« l'île. Ils ont reçu l'ordre de donner le titre
« de général à l'empereur Napoléon, comme
« si on eût voulu l'obliger à se regarder comme
« n'ayant jamais régné en France.

« Les raisons qui l'ont déterminé à ne pas
« garder l'*incognito*, comme il aurait pu vou-
« loir le faire en quittant la France, furent
« celles-ci : premier magistrat à vie de la ré-
« publique, sous le titre de *premier consul,*
« il conclut les préliminaires de Londres et

« le traité d'Amiens avec le roi de la Grande-
« Bretagne, il reçut comme ambassadeurs les
« lords *Cornwallis*, M. *Merry* et lord *Whit-*
« *worts*, qui résidèrent à sa cour en cette qua-
« lité.

« Il accrédita auprès du roi d'Angleterre le
« comte *Otto* et le général *Andréossy*, qui
« résidèrent en qualité d'ambassadeurs près
« de la cour de Windsor. Lorsque, après des
« lettres entre les ministres des affaires étran-
« gères des deux monarchies, lord Lander-
« dale vint à Paris investi de pleins pouvoirs
« de la part du roi d'Angleterre, il traita avec
« les plénipotentiaires revêtus des pleins pou-
« voirs de l'empereur Napoléon, et resta pen-
« dant plusieurs mois près la cour des Tuile-
« ries. Lorsqu'ensuite lord Castlereagh signa
« à Châtillon l'*ultimatum* que les puissances
« alliées présentèrent aux plénipotentiaires de
« l'empereur Napoléon, il reconnut par là la
« quatrième dynastie. Cet *ultimatum* était plus
« avantageux que le traité de Paris ; mais, en
« exigeant que la France renonçât à la Bel-
« gique et à la rive gauche du Rhin, il exigeait
« une chose contraire aux propositions de
« Francfort et aux proclamations des puissan-
« ces alliées. Il exigeait ce qui était contraire

« au serment fait par l'empereur, à son cou-
« ronnement, de maintenir l'intégrité de l'em-
« pire. L'empereur pensait en outre que ces
« limites naturelles étaient nécessaires, tant à
« la sûreté de la France qu'au maintien de
« l'équilibre de l'Europe ; il pensait que la
« nation française devait plutôt, dans la situa-
« tion où elle était, courir toutes les chances
« de la guerre que de se départir de cette po-
« litique.

« Le traité du 2 août et l'acte du parlement
« britannique appellent *Bonaparte* l'empe-
« reur Napoléon, et ne lui donnent que le
« titre de général. Le titre de *général Bona-*
« *parte* est sans doute éminemment glorieux ;
« l'empereur le portait à Lodi, à Castiglione,
« à Rivoli, à Arcole, à Léoben, aux Pyramides,
« à Aboukir ; mais, depuis dix-sept ans, il avait
« porté celui de *premier consul*, et ensuite ce-
« lui d'*empereur* ; ce qui prouve qu'il a été
« premier magistrat de la république, et sou-
« verain de la France.

« C'est dans le même esprit de haine qu'il a
« été donné des ordres pour que l'empereur
« Napoléon ne pût écrire ni recevoir aucunes
« lettres, à moins qu'elles n'eussent été lues

« par les ministres anglais et par les officiers de
« Sainte-Hélène ; ils lui ont interdit la possibi-
« lité de recevoir des nouvelles de son épouse,
« de sa mère, de son fils, de ses frères ; et lorsque,
« pour éviter l'inconvénient de voir ses lettres
« lues par des officiers subalternes, il a voulu
« les envoyer cachetées au prince régent, on
« lui a répondu qu'on ne pouvait se départir de
« l'ordre, et que les lettres devaient être ou-
« vertes, parce que telles étaient les instruc-
« tions du ministère. Cette conduite n'a pas
« besoin d'observations ; elle fait cependant
« naître d'étranges idées sur l'esprit d'une ad-
« ministration qui a pu dicter des ordres qui
« seraient désavoués même à Alger. Il est arrivé
« à Sainte-Hélène des lettres pour les officiers
« de la suite de l'empereur ; elles ont été ou-
« vertes, et vous ont été transmises ; mais vous
« ne les avez pas communiquées, parce qu'elles
« ne vous étaient pas parvenues par le canal
« du ministère anglais. Ces lettres donc ont dû
« être renvoyées et faire quatre mille lieues,
« et les officiers ont eu la douleur de savoir
« qu'il était arrivé sur ce rocher des nouvelles
« de leurs femmes, de leurs mères, de leurs
« enfans, et de penser qu'il devait s'écouler

« six mois avant qu'ils en pussent connaître
« la nature !...... Le cœur doit se consoler
« lui-même.

« Ils n'ont pu obtenir ni le *Morning-Chroni-*
« *cle*, ni le *Morning-Post*, ni aucuns journaux
« de France ; quelques numéros isolés du *Times*
« sont seuls parvenus à Longwood. En consé-
« quence d'une demande faite à bord du *Nor-*
« *thumberland*, quelques livres ont été envoyés;
« mais tous ceux qui étaient relatifs aux évé-
« nemens des dernières années ont été soi-
« gneusement écartés. L'empereur Napoléon
« voulait établir une correspondance avec un
« libraire de Londres, afin d'avoir directement
« les livres dont il avait besoin, et ceux qui
« étaient relatifs aux événemens du jour ; mais
« on n'a pas voulu le permettre. Un auteur
« anglais ayant fait un voyage en France et en
« ayant publié la relation à Londres, prit la
« peine de vous l'envoyer, afin qu'il fût pré-
« senté à l'empereur : vous jugeâtes à propos
« de ne pas le lui remettre, parce qu'il ne vous
« avait pas été envoyé à la demande expresse
« de votre gouvernement. On dit aussi que
« d'autres livres envoyés par leurs auteurs
« n'ont pas été transmis, parce que quelques-
« uns de ces ouvrages étaient adressés à *l'em-*

« *pereur Napoléon,* et d'autres à *Napoléon le*
« *grand.* Le ministère anglais n'est pas auto-
« risé à ordonner aucune de ces vexations;
« la loi, quoique inique, par laquelle le par-
« lement britannique regarde l'empereur Na-
« poléon comme prisonnier de guerre, n'a
« jamais empêché les prisonniers de guerre de
« s'abonner à des journaux, ni de recevoir des
« livres imprimés : une telle prohibition n'a
« lieu que dans les cachots de l'inquisition.

« L'île de Sainte-Hélène a dix lieues de cir-
« conférence ; elle est partout inaccessible ;
« des briks environnent les côtes, des postes
« sont stationnés sur le rivage en vue les uns
« des autres, ce qui rend impraticable toute
« communication avec la mer; il n'y a qu'une
« seule petite ville (James-Town) ou des vais-
« seaux puissent mouiller. Pour empêcher un
« individu de quitter l'île, il suffit de garder
« le rivage par mer et par terre. Un interdit
« mis sur l'intérieur de l'île ne peut en consé-
« quence avoir d'autre objet que de priver
« l'empereur d'une promenade de huit ou dix
« milles qu'il serait possible de faire à cheval,
« et dont la privation abrégera sa vie. L'em-
« pereur a été établi à *Longwood,* point ex-
« posé à tous les vents, où la terre est stérile,

« inhabitable, sans eau , et n'est susceptible
« d'aucune culture. On a tracé une enceinte
« d'environ douze cents toises. De distance en
« distance on a établi des camps autour de
« cette enceinte, de sorte qu'au milieu des
« chaleurs des tropiques on n'aperçoit que
« des camps. L'amiral Malcom , instruit de
« l'utilité que l'empereur pourrait retirer d'une
« tente dans cette situation, en fit dresser une
« par ses matelots à vingt pas environ de la
« maison ; c'était le seul endroit où l'on pou-
« vait trouver de l'ombrage.

« La maison de Longwood a été construite
« pour servir de grange à la ferme de la com-
« pagnie. Le sous-gouverneur de l'île y avait
« depuis fait construire quelques chambres.
« Ce bâtiment lui servait de maison de cam-
« pagne ; mais il n'était pas habitable. Des
« ouvriers y ont travaillé pendant un an, et
« l'empereur a été continuellement exposé à
« l'insalubrité d'une maison en état de con-
« struction. La chambre dans laquelle il couche
« est trop petite pour contenir un lit d'une
« dimension ordinaire.

« Ce misérable territoire présente cepen-
« dant de belles situations, offre de beaux
« arbres, des jardins et de bonnes maisons.

« On y voit entre autres *Plantation-House ;*
« mais les instructions positives du gouverne-
« ment vous défendaient de céder cette maison,
« quoique on eût pu épargner par là beau-
« coup de dépenses que l'on a faites à Long-
« wood pour établir une cabane couverte
« de papier, et qui est déjà hors de ser-
« vice.

« Vous avez interdit toute correspondance
« entre nous et les habitans de l'île ; vous avez,
« par le fait, mis *au secret* la maison de Long-
« wood ; vous avez même empêché toute com-
« munication avec les officiers de la garnison.
« Vous paraissez, en conséquence, vous étu-
« dier à nous priver du peu de ressources
« qu'offre ce territoire misérable, et nous som-
« mes ici comme nous serions sur le rocher
« isolé et inhabité de l'*Ascension.* Depuis
« quatre mois que vous êtes à Sainte-Hélene,
« vous avez, monsieur, rendu la situation
« de l'empereur beaucoup plus mauvaise. Le
« comte Bertrand vous a fait observer que
« vous violiez même les lois de votre parle-
« ment, et que vous fouliez aux pieds les
« droits des officiers-généraux prisonniers de
« guerre. Vous avez répondu que vous vous
« conformiez à la lettre de vos instructions, et

« que votre conduite n'est pas pire que ce qui
« vous est dicté par elles.

POST SCRIPTUM.

« Après avoir écrit cette lettre, j'ai reçu la
« vôtre du 17 août, à laquelle vous avez joint
« le compte d'une somme annuelle de 20,000
« livres sterling que vous regardez comme
« indispensable pour les dépenses de l'établis-
« sement de Longwood . après avoir fait tou-
« tes les réductions que vous avez crues pos-
« sibles. Nous croyons que la discussion de
« ce point ne nous regarde en aucune ma-
« nière : la table de l'empereur est à peine
« pourvue du plus strict nécessaire, et toutes
« les provisions sont de la plus mauvaise qua-
« lité. Vous demandez à l'empereur un fonds
« de 12,000 livres sterling, parce que votre
« gouvernement n'en veut allouer que 8,000
« pour toutes dépenses. J'ai déjà eu l'hon-
« neur de vous informer que l'empereur n'a-
« vait pas de fonds ; que depuis un an il n'avait
« écrit ni reçu aucune lettre, et qu'il ignore
« complètement ce qui s'est passé et ce qui
« se passe en Europe. Transporté de force sur
« ce rocher, sans pouvoir écrire ni recevoir

« de réponse, l'empereur est entièrement à la
« merci des agens anglais. Il a toujours désiré
« et désire encore pourvoir à ses propres dé-
« penses, de quelque nature qu'elles soient,
« et il le fera dès que vous lui en aurez donné
« la possibilité, en levant l'interdiction mise
« sur les marchands de l'île relativement à
« sa correspondance, et en déclarant qu'elle
« ne doit être soumise à aucune inquisition
« de votre part ni d'aucun de vos agens. De
« cette manière, les besoins de l'empereur se-
« raient connus en Europe, et les personnes
« qui s'intéressent en sa faveur pourraient lui
« faire passer les fonds nécessaires à ses dé-
« penses.

« La lettre de lord Bathurst, que vous
« m'avez communiquée, fait naître d'étranges
« idées. Vos ministres ignorent-ils donc que
« le spectacle d'un grand homme captif et
« dans l'adversité est un spectacle sublime ?
« Ignorent-ils que Napoléon à Sainte-Hélène,
« au milieu des persécutions de toute espèce
« auxquelles il n'oppose que la sérénité, est
« plus grand, plus sacré et plus vénérable
« que lorsqu'il était assis sur le premier trône
« du monde, où il a été pendant si long-temps
« l'arbitre des rois ? Ceux qui, dans cette si-

« tuation, manquent à Napoléon, oublient
« leur propre caractère et celui de la nation
« qu'ils représentent.

« J'ai l'honneur, etc. »

Signé, Le général comte de MONTHOLON.

On voit par cette lettre que Bonaparte
était loin d'éprouver un traitement généreux.
Elle fut insérée dans plusieurs journaux anglais, et l'on présumait à cette époque qu'elle
servirait de base à la motion annoncée par
lord Holland à la chambre haute pour demander une enquête sur la manière dont Napoléon était traité à Sainte-Hélène.

Si, lorsque j'ai annoncé que son moral avait
été fortement atteint, on a craint de me croire,
on reviendra de ce doute en songeant aux effets
que devaient produire de semblables humilia-
tions sur un homme aussi fier et aussi impatient.

Souvent, se promenant avec les siens ou
avec des officiers anglais, Bonaparte se livrait
à de longues conversations. On l'entendait
passer à chaque instant du sujet le plus sé-
rieux à des détails minutieux, ridicules même,
et peu après il revenait à son premier discours,
sans s'apercevoir qu'il l'eût interrompu.

On l'a vu fréquemment agité par des mouvemens convulsifs, ou bien absorbé, gardant un silence morne et prolongé.

Ses promenades du matin étaient les seules qu'il fît avec plaisir; il recherchait les sites les plus pittoresques, et se plaisait dans la solitude.

Que de réflexions je pourrais faire sur ces dernières années de Bonaparte, sur cette décadence de son génie ! Je m'en abstiendrai, parce qu'à la lecture de ceci elles naîtront naturellement dans le cœur de tout homme sensible.

Depuis quelque temps Napoléon souffrait davantage; il paraissait connaître son mal, et ne s'en affligeait point. Son état provenait d'un cancer qui lui rongeait l'estomac, et qu'irritaient encore un sang brûlé et l'usage outré du café.

Vers le commencement de mars il fut contraint de garder son appartement, et il attendit la mort, qui devait être le terme d'une maladie incurable.

Ses derniers instans ont été paisibles; chaque jour il écrivait les diverses sensations qu'il éprouvait, destinant ces notes à son fils, en cas qu'il fût atteint de la même affection, qui paraît être héréditaire dans sa famille.

Il a fait son testament. Une de ses volontés est qu'on l'ensevelisse dans une vallée voisine, qu'il fréquentait.

Les paroles qu'il a articulées lorsqu'il était à l'extrémité prouvent que son esprit ne s'est pas détourné un instant de ses idées favorites. Il n'a cessé de contempler le portrait de son fils. Depuis six ans cet enfant l'occupait constamment, son éloignement l'affectait.

Il voulut que l'on oûvrît son corps, et l'on a reconnu parfaitement par l'ouverture qui en a été faite la nature et les progrès de son mal.

Il a été exposé deux jours à la vue des habitans de l'île, revêtu de son grand uniforme, avec ses décorations, et ensuite enfermé dans un cercueil de plomb.

Il a été enterré le 9 dans le lieu qu'il avait désigné, avec les honneurs militaires.

Des grenadiers anglais ont porté son corps.

Le manteau qu'il avait à Marengo lui servait de drap mortuaire. Miraculeuses vicissitudes !

Tels sont les détails que l'on a eus jusqu'à ce jour de la fin de Bonaparte. On a parlé de la fortune qu'il laisse; et, comme de raison, on s'est livré aux plus absurdes exagérations.

Ce qu'il y a de positif, c'est que l'on n'est pas fixé sur ce point.

Chacun se souvient du goût qu'il avait pour le rapprochement des anniversaires ; trois époques se sont offertes au premier abord à mon esprit.

Le cinq mai 1811, un mois et demi après la naissance de son fils, il donna à Saint-Cloud une fête au corps diplomatique, et reçut les félicitations des représentans de toutes le cours du continent.

Le 5 mai 1814 il débarquait à l'île d'Elbe ; le 5 mai 1821 il expira dans l'exil.

Cette mort a fait plus d'impression chez les étrangers que chez nous. Quelques-uns y voient de grandes conséquences politiques par rapport à son fils ; d'autres par rapport à l'influence que pouvait exercer l'Angleterre sur la France en la menaçant de Bonaparte comme on menace les enfans du loup. Je ne suis en rien de leur avis.

La France, d'abord, n'est point réduite à redouter les caprices de l'Angleterre, j'aime à m'en flatter. Je ne présume pas, en second lieu, que le fils de Napoléon puisse nous offrir la moindre inquiétude. Le supposer, c'est outrager les puissances dont la majorité franche sera assez forte pour réprimer tout monarque qui tenterait de faire naître à ce sujet de nouvelles discordes.

Peut-être suffira-t-il, pour justifier mon opinion, de citer les mesures prises par la cour de Vienne à l'égard de cet enfant ; ces mesures sont peu connues, parce qu'elles tiennent à une corde que du vivant du père il n'était pas prudent de toucher.

Le 22 juillet 1818, sa majesté l'empereur d'Autriche a rendu une ordonnance qui règle les rapports personnels, les titres, rangs et armoiries du fils de l'archiduchesse Marie-Louise. Cette ordonnance est remarquable en ce que :

1° Sa majesté impériale, considérant cet enfant comme *adultérin*, refuse de le légitimer; elle tait en conséquence le nom de son père, n'énonce que celui de sa mère, et ne lui accorde pas le titre de petit-fils.

Cette disposition est conforme aux lois civiles qui, parmi les adultérins, distinguent ceux dont les père et mère étaient tous deux engagés sous les liens du mariage et ont violé doublement la foi conjugale, d'avec ceux dont le père ou la mère seule étaient mariés. *François-Joseph-Charles* est dans ce dernier cas. Son père seul était lié par un mariage antécédent avec *Joséphine de la Pagerie, veuve Beauharnais*; tandis que l'archiduchesse *Marie-Louise*, sa mère, était non-seulement libre, mais de bonne foi : c'est pourquoi l'ordonnance ne le proclame que fils de l'archiduchesse, et cache soigneusement le nom du père, seul coupable du crime d'adultère.

On aurait pu demander pourquoi, l'archiduchesse Marie-Louise étant innocente, ayant contracté une union dont elle ne soupçonnait pas l'illégalité, sa majesté impériale refuse à *François-Joseph-Charles* le titre de son petit-fils : c'est ce qui a été prévu.

L'ordonnance dont nous parlons, n'étant pas un acte *de légitimation*, ne lave pas le vice primordial de la naissance de cet enfant, le laisse *in reatu*, et l'exclut par là de *toute succession*, même maternelle. Elle ne règle enfin que des rapports personnels et extra-judiciaires.

2° Cette ordonnance efface des noms reçus par l'enfant sur les fonts baptismaux celui qui pourrait rappeler son père, et par conséquent le vice de sa naissance adultérine.

3° Elle lui donne (§. 1) un nom nouveau,

celui de *Reichstadt*, qui signifie *ville riche*; et qui n'a rien de commun avec ceux de ses père et mère.

4° Elle lui accorde, *ex gratiâ*, le titre de duc et la qualification d'*altesse sérénissime*, titres personnels qui s'éteindront avec lui.

5° Elle lui permet (§. ii) d'avoir des *ar- moiries particulières*. Ici tout est *ex jure novo*, rien *ex providentiâ majorum*. En lui *permet- tant* des armoiries, on ne désigne pas une concession perpétuelle, mais purement per- sonnelle.

6° Le §. iii et dernier de l'ordonnance ac- corde au prince *François-Joseph-Charles* le rang à la cour de Vienne et dans toute l'éten- due de la monarchie autrichienne, immédia- tement après les princes du sang lorrain et les archiducs.

Ce chapitre ne l'admet pas dans la famille impériale; il l'en exclut au contraire : car il ne le fait pas marcher à son rang comme fils de l'archiduchesse *Marie-Louise*, mais après tout ce qui est de sang lorrain.

Telle est, en résumé, l'ordonnance relative au fils de Bonaparte. Je n'en ai point parlé pour la livrer à des commentaires, mais pour prouver que l'Autriche, seule puissance qui pourrait être intéressée à faire jouer un rôle à cet enfant, a bien plus d'intérêt à maintenir les dispositions d'un aussi éclatant manifeste.

Je désire n'avoir offusqué personne en abordant une question si délicate.

J'ai terminé ma tâche : puissé-je l'avoir bien remplie ! Mon écrit, je le sais, sera épilogué par les partis : j'attends sans crainte leur jugement sur mes intentions ; mes sentimens sont et seront toujours ceux qui doivent animer un gentilhomme français. Je dois donc prévenir quiconque cherchera, en jetant des pierres sur ma cloche, à lui faire rendre un mauvais son, qu'il n'y saurait réussir.

Je n'ai suivi aucune couleur ; ma plume indépendante n'a tracé que des faits, n'en a tiré que des inductions naturelles.

La carrière de Napoléon doit être la leçon de tous, je le confirme.

Or, vous, peuples, souvenez-vous du danger qu'il y a de vous prêter aux volontés gigantesques d'un despote. Et vous, rois de la terre qui seriez tentés de devenir despotes, rappelez-vous Bonaparte expirant à Sainte-Hélène:

FIN.

IMPRIMERIE DE DIDOT LE JEUNE, RUE DES MAÇONS-SORBONNE.